El gobierno del Estado Dorado

Elizabeth Anderson Lopez

Asesoras

Kristina Jovin, M.A.T.
Distrito Escolar Unificado Alvord
Maestra del Año

Vanessa Ann Gunther, Ph.D.
Departamento de Historia
Universidad Chapman

Créditos de publicación

Rachelle Cracchiolo, M.S.Ed., *Editora comercial*
Conni Medina, M.A.Ed., *Redactora jefa*
Emily R. Smith, M.A.Ed., *Realizadora de la serie*
June Kikuchi, *Directora de contenido*
Caroline Gasca, M.S.Ed., *Editora superior*
Marc Pioch, M.A.Ed., y Susan Daddis, M.A.Ed., *Editores*
Sam Morales, M.A., *Editor asociado*
Courtney Roberson, *Diseñadora gráfica superior*
Jill Malcolm, *Diseñadora gráfica básica*

Créditos de imágenes: portada y pág.1 (primer plano) eye35 stock/
Alamy Stock Photo, (fondo) AP Photo/Rich Pedroncelli; pág.4 Library
of Congress [LC-USZ62-13037]; pág.5 Bill Clark/CQ Roll Call/Getty
Images; págs.6–7 United States Capitol; págs.10–11 National Archives
and Records Administration [1667751]; pág.11, 32, contraportada,
cortesía de California History Room, California State Library, Sacramento,
California; pág.12 (recuadro) Al Seib/Los Angeles Times a través de
Getty Images; págs.12–13 Creative Commons Attribution-ShareAlike 4.0
International de Carole J. Buckwalter; pág.13 (superior) Library of Congress
[LC-USZ62-41653]; pág.14 (inferior) Ted Soqui/Corbis a través de Getty
Images; pág.15 (superior) George Rose/Getty Images, (página entera)
Trinity Mirror/Mirrorpix/Alamy Stock Photo; pág.16 (inferior) Ron Riesterer/
Oakland Tribune Staff Archives, (recuadro) United States Department of
Justice; págs.16–17 Library of Congress [LC-DIG-highsm-10515]; pág.17
(superior) Los Angeles Times Photographic Archive. Department of Special
Collections, Charles E. Young Research Library, UCLA; págs.20–21 Glenn
Koenig/Los Angeles Times a través de Getty Images; pág.21 (superior) State
of California Department of Justice; pág.22 Michael Dwyer/Alamy Stock
Photo; pág.23 Saul Martinez/Reuters; págs.24–25 Lucy Nicholson/Reuters;
pág.24 (recuadro) s_bukley/Shutterstock.com; pág.26 (superior) Khalid
Al-Mousily/Reuters/Newscom; pág.27 (inferior) United States Congress, US
Senate Photo de Becky Hammel; pág.31 George Rose/Getty Images; todas
las demás imágenes cortesía de iStock y/o Shutterstock.

Library of Congress Cataloging-in-Publication Data

Names: Lopez, Elizabeth Anderson, author.
Title: El gobierno del estado dorado / Elizabeth Lopez.
Other titles: Governing the golden state. Spanish
Description: Huntington Beach, CA : Teacher Created Materials, 2020. |
　Audience: Grade 4 to 6.
Identifiers: LCCN 2019016069 (print) | LCCN 2019980053 (ebook) | ISBN
　9780743912921 (paperback) | ISBN 9780743912938 (ebook)
Subjects: LCSH: California--Politics and government--Juvenile literature.
Classification: LCC JK8716 .L6618 2020 (print) | LCC JK8716 (ebook) | DDC
　320.4794--dc23

Teacher Created Materials

5301 Oceanus Drive
Huntington Beach, CA 92649-1030
www.tcmpub.com
ISBN 978-0-7439-1292-1
© 2020 Teacher Created Materials, Inc.
Printed in China
Nordica.102019.CA21901929

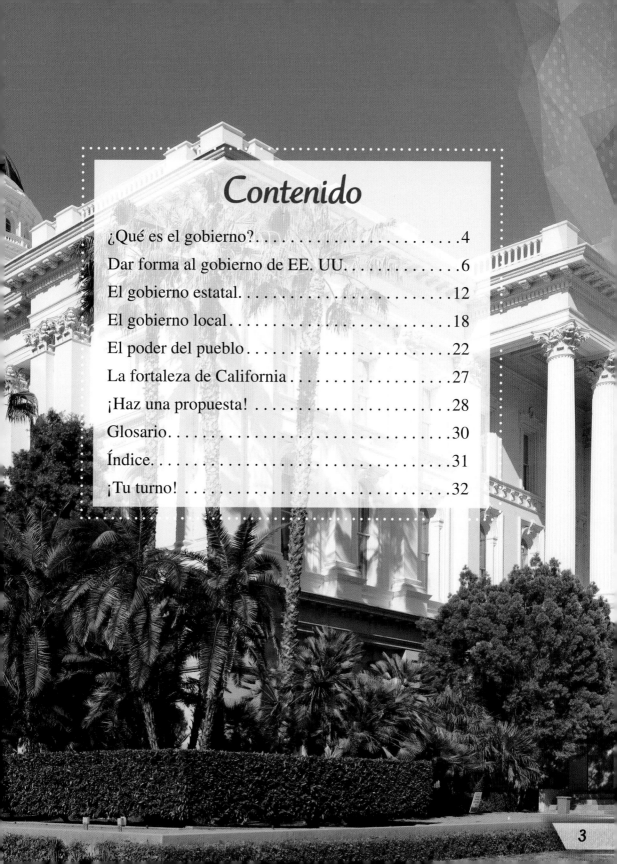

Contenido

¿Qué es el gobierno?

El gobierno es un sistema de reglas y leyes. También incluye a las personas que crean, **promulgan** e interpretan esas leyes. Tiene muchos niveles. El gobierno federal tiene autoridad sobre todo el país. California tiene su propio gobierno estatal. Este sigue el modelo del nivel federal. Dentro de los estados, hay condados y ciudades. Estas áreas más pequeñas también tienen leyes y gobernantes.

Con el voto, todos los ciudadanos pueden ayudar a mejorar la manera en que se gobierna su ciudad, su estado e incluso el país. Pueden elegir a los líderes que deseen. Pueden votar a favor o en contra de ciertas leyes. Las personas deben hacerse oír cuando les gusta o no les gusta lo que hace un gobernante elegido por el voto en cualquiera de los niveles de gobierno. ¿Por qué? Porque los gobernantes trabajan para el pueblo.

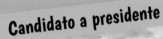

Candidato a presidente

Hay tres requisitos para ser candidato a presidente.
1. El candidato debe tener al menos 35 años de edad.
2. El candidato debe ser un ciudadano nacido en Estados Unidos.
3. El candidato debe haber vivido en Estados Unidos durante al menos 14 años.

Civismo

Richard Nixon fue el primer presidente nacido en California.

El presidente Barack Obama da un discurso en el Congreso.

Dar forma al gobierno de EE. UU.

En 1787, Estados Unidos todavía era un país joven. Su gobierno original no funcionaba bien. Había que hacer algo. Un grupo de **delegados** se reunieron en Filadelfia para resolver el problema. Crearon un plan para un nuevo gobierno. Ese plan fue la Constitución de Estados Unidos. Por esa razón, a esos hombres se les llamó "**artífices** de la Constitución".

No todos en el país estuvieron de acuerdo con este nuevo y osado plan. Pensaban que el nuevo gobierno tendría demasiado poder. Creían que les quitarían sus derechos. Entonces, se agregó la Carta de Derechos. Estas primeras 10 **enmiendas** protegen los derechos de las personas. La Carta de Derechos pasó a formar parte de la Constitución en 1791.

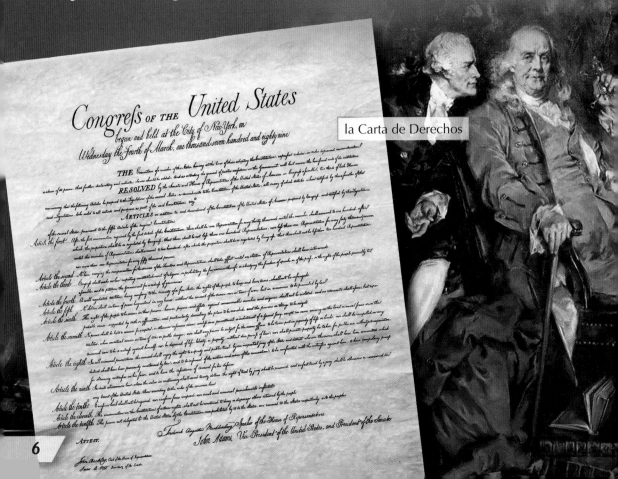

la Carta de Derechos

El 17 de septiembre de 1787, se firmó la Constitución de EE. UU.

El error de Hamilton

Hay algunos errores en la Constitución. Alexander Hamilton era uno de los delegados. Él se encargó del proceso de firma. Escribió el nombre del estado junto al nombre de cada firmante. Junto a Benjamin Franklin, escribió "Pensylvania" en lugar de Pennsylvania, que es como se escribe el nombre de ese estado en inglés.

Los tres poderes

Los artífices de la Constitución no querían que una sola persona o un solo grupo tuviera demasiado poder. Por eso dividieron el gobierno federal en tres ramas, o poderes. Son el poder legislativo, el ejecutivo y el judicial. Cada grupo tiene un trabajo diferente. El poder legislativo hace las leyes, el poder ejecutivo promulga las leyes y el poder judicial interpreta las leyes.

Los líderes de los tres poderes trabajan juntos. Se aseguran de que los demás grupos hagan su trabajo. Este es el sistema de **controles y contrapesos**. El Congreso ejerce el poder legislativo. El Senado y la Cámara de Representantes hacen las leyes. El presidente está a cargo del poder ejecutivo y se asegura de que las leyes se cumplan. La Corte Suprema ejerce el poder judicial. Los jueces que componen la Corte se aseguran de que las leyes sean justas.

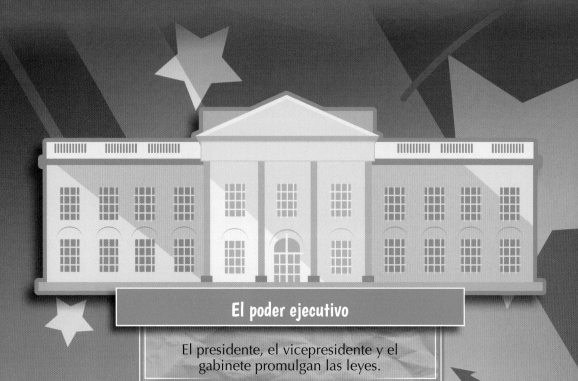

El poder ejecutivo

El presidente, el vicepresidente y el gabinete promulgan las leyes.

El poder legislativo

El Congreso, formado por la Cámara de Representantes y el Senado, hace las leyes.

El poder judicial

La Corte Suprema de EE. UU. interpreta las leyes.

La constitución de EE. UU. y las constituciones estatales

La Constitución es la guía general para gobernar Estados Unidos. Es también la ley suprema del país. Eso significa que las leyes federales están por encima de las leyes estatales. Cada estado tiene, además, su propia constitución. La constitución de cada estado indica cómo gobernarlo. La de California se aprobó en 1849, antes de que se convirtiera en estado.

La constitución federal y las constituciones de los estados tienen algunas cosas en común. Describen cómo se estructura el gobierno. Cada una tiene un **preámbulo**, artículos y secciones. Y cada una tiene una carta de derechos.

Sin embargo, existen diferencias. Las leyes de las constituciones estatales tratan temas propios de cada estado. Es más fácil cambiar las constituciones estatales. La constitución estatal de California se ha revisado ¡más de quinientas veces!

la Constitución de EE. UU.

Y la ganadora es... ¡la federal!

Los artífices de la Constitución sabían que podía haber conflictos entre el gobierno federal y los gobiernos estatales. Por eso trataron de resolver este problema mientras podían. La sección 2 del artículo VI se conoce como la *cláusula de supremacía*. Dice que los estados no interferirán en los asuntos federales. La cláusula también menciona que las leyes federales están por encima de las leyes estatales.

Civismo

¡Cuántas palabras!

La Constitución de EE. UU. puede parecer larga. Tiene alrededor de 4,500 palabras. ¡Pero la Constitución de California es 15 veces más larga! La constitución estatal más corta es la de Vermont. ¡Tiene 8,295 palabras!

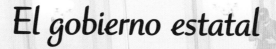

El gobierno estatal

California tiene la misma estructura que el gobierno federal. Usa el sistema de controles y contrapesos. El poder legislativo del estado hace las leyes. El poder ejecutivo promulga esas leyes. Y el poder judicial interpreta las leyes. Los tres grupos trabajan en conjunto para decidir cómo tratar los asuntos del estado.

El poder legislativo

El poder legislativo de California tiene dos partes. La asamblea estatal tiene 80 miembros. Cada miembro es elegido por un período de dos años. El senado estatal tiene 40 miembros. Son elegidos por un período de cuatro años. Los miembros de la asamblea y del senado son elegidos según el **distrito** donde viven. Crean las leyes del estado. También aprueban el **presupuesto** del estado.

Sheila James Kuehl

En 1994, Sheila James Kuehl se convirtió en la primera persona abiertamente gay en ser elegida para la asamblea estatal de California. Seis años más tarde, Kuehl fue elegida para integrar el senado estatal. En 2007, ya había redactado 171 **proyectos de ley** que luego se convirtieron en leyes.

Earl Warren

Earl Warren nació y creció en California. En 1914, se recibió de abogado en la Universidad de California en Berkeley. Tres años más tarde, se unió al ejército. Luego, Warren dedicó la mayor parte de su vida a la política. Fue gobernador de California durante 10 años. En su tercer período, fue nombrado presidente de la Corte Suprema de Estados Unidos. Ocupó ese cargo durante 16 años.

el Senado de California

El poder ejecutivo

El poder ejecutivo del estado está organizado como el poder ejecutivo del gobierno federal. El gobernador está a cargo del estado durante un período de cuatro años. Su trabajo es promulgar las leyes estatales y controlar el presupuesto del estado. El gobernador se asegura de que el estado esté preparado en caso de emergencia.

Este poder también incluye a otras personas. El vicegobernador es como un vicepresidente. Puede ocupar el lugar del gobernador si es necesario. El procurador general es el abogado del estado. El secretario de Estado está a cargo de las elecciones. El tesorero es el contador principal del estado. Todos ellos trabajan en conjunto para que el estado funcione.

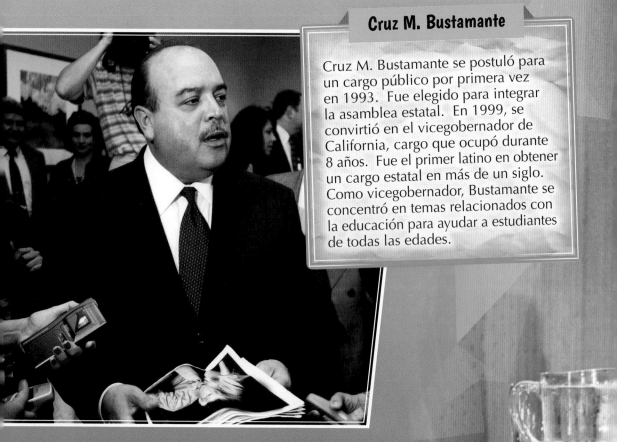

Cruz M. Bustamante

Cruz M. Bustamante se postuló para un cargo público por primera vez en 1993. Fue elegido para integrar la asamblea estatal. En 1999, se convirtió en el vicegobernador de California, cargo que ocupó durante 8 años. Fue el primer latino en obtener un cargo estatal en más de un siglo. Como vicegobernador, Bustamante se concentró en temas relacionados con la educación para ayudar a estudiantes de todas las edades.

March Fong Eu

En 1966, March Fong Eu fue la primera mujer estadounidense de origen asiático en la asamblea estatal. Eu luchó en favor del medioambiente. También trabajó en leyes relacionadas con los derechos de la mujer. En 1974, fue elegida secretaria de Estado. Fue la primera estadounidense de origen asiático en ocupar ese cargo.

Ronald Reagan fue gobernador de California durante dos períodos.

El poder judicial

El poder judicial del estado interpreta las leyes. Este poder está formado por el sistema de tribunales del estado. El sistema de tribunales de California es el más grande de la nación.

Los 58 tribunales superiores son los tribunales de primera instancia. Aquí es donde se tratan los casos. Se decide si alguien es culpable o inocente. Los casos **civiles** también se tratan en los tribunales superiores. Si las personas no están conformes con una decisión, pueden llevar el caso a un tribunal de **apelación**. Hay seis tribunales de apelación de distrito. Los tribunales de apelación revisan las decisiones tomadas por los tribunales inferiores. Se aseguran de que se hayan respetado las leyes en cada caso.

El máximo tribunal de apelación en el estado es la Corte Suprema. Allí, los jueces revisan las sentencias de los tribunales de apelación. La mayoría de las veces, la Corte Suprema del estado tiene la facultad de decidir qué casos revisará. Es similar a la Corte Suprema de EE. UU., el máximo tribunal del país.

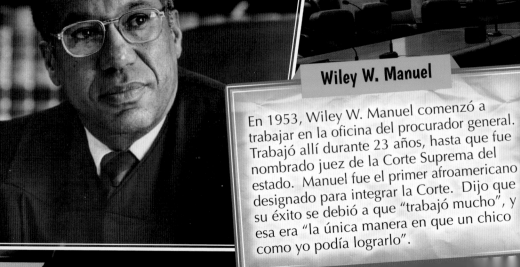

Wiley W. Manuel

En 1953, Wiley W. Manuel comenzó a trabajar en la oficina del procurador general. Trabajó allí durante 23 años, hasta que fue nombrado juez de la Corte Suprema del estado. Manuel fue el primer afroamericano designado para integrar la Corte. Dijo que su éxito se debió a que "trabajó mucho", y esa era "la única manera en que un chico como yo podía lograrlo".

Rose Elizabeth Bird

Rose Elizabeth Bird fue nombrada jueza de la Corte Suprema de California en 1977. Desempeñó su cargo durante 10 años. Bird fue la primera mujer en la Corte. También fue la primera mujer en ejercer como presidenta de la Corte Suprema. Antes, Bird había sido la primera mujer en ejercer un cargo en el gabinete estatal. Fue secretaria de Agricultura en 1974.

tribunal de apelación de EE. UU. en San Francisco

El gobierno local

Hay un tercer nivel de gobierno. El nivel local incluye los gobiernos de los condados y las ciudades. Los *condados* son grandes áreas gobernadas dentro de un estado. Los consejos de supervisores están a cargo de los condados en California. Los miembros del consejo ejercen su cargo durante un período de cuatro años.

Los condados no tienen sus propias leyes. Los consejos hacen cumplir las leyes estatales y federales. Se encargan de registrar los **títulos de propiedad** y las licencias para el uso de tierras. Tramitan licencias matrimoniales. Los consejos supervisan que se construyan y reparen las carreteras. También están a cargo de las elecciones.

En cada condado, hay una ciudad que es la *sede del condado*. Allí es donde están las oficinas públicas y los tribunales. Otras personas que colaboran en el funcionamiento de los condados son los alguaciles, los jueces y los **empleados públicos**.

Rancherías

En todo Estados Unidos, los indígenas fueron obligados a vivir en **reservas**. En California, algunos de ellos viven ahora en lugares llamados *rancherías*. Hay unas 100 rancherías en el estado. La mayoría de las tribus de California son pequeñas. Tienen sistemas de gobierno que incluyen policía y tribunales de la tribu.

Civismo

el Norte
Siskiyou
Modoc
Trinity
Shasta
Lassen
Humbolt
Tehama
Plumas
Mendocino
Glenn
Butte
Sierra
Colusa
Yuba
Nevada
Lake
Sutter
Placer
Sonoma
Yolo
El Dorado
Napa
Alpine
Marin
Sacramento
Amador
Solano
Calaveras
San
Joaquín
Tuolumne
Mono
Contra
Costa
San Francisco
Alameda
Santislaus
Mariposa
San Mateo
Santa
Clara
Merced
Santa Cruz
Madera
Fresno
San
Benito
Inyo
Tulare
Monterrey
Kings
San Luis
Obispo
Kern
San Bernardino
Santa Bárbara
Ventura
Los Ángeles
Orange
Riverside
San Diego
Imperial

Condados grandes

El estado está dividido en 58 condados. El condado de San Bernardino es realmente grande. ¡Es el condado más grande en los estados **contiguos** de Estados Unidos! El condado de Los Ángeles tiene más habitantes que cualquier otro condado del país.

Geografía

Los residentes de cada ciudad eligen un alcalde y un concejo municipal. Estas autoridades trabajan en conjunto. Se encargan de que la ciudad esté limpia y segura. Los residentes tienen más contacto con las autoridades locales que con las estatales o las federales. Eso es porque las autoridades de la ciudad se encargan de temas que afectan la vida diaria. Las ciudades se encargan de las escuelas, los parques y las bibliotecas. Los departamentos de policía y de bomberos se manejan a nivel de la ciudad. Los servicios de agua y de recolección de residuos también están bajo el control municipal.

Otra parte del gobierno local es la junta escolar. La junta escolar local está a cargo de las escuelas públicas. Los miembros de la junta escolar pueden ser elegidos o nombrados. Trabajar en una junta escolar es una forma de contribuir a la comunidad.

Las autoridades de los tres niveles de gobierno trabajan para el pueblo. Los tres niveles tienen algunas cosas en común. Todos recaudan impuestos. También crean leyes y las hacen cumplir. Todos trabajan para mejorar la vida de las personas.

¿Quién hace el dinero?

Hay asuntos que no se manejan en todos los niveles. Por ejemplo, solo el gobierno federal puede emitir dinero. Todo el papel moneda del país se hace en Washington D. C. y en Texas, en las sedes de la Oficina de Grabado e Impresión. Las monedas se hacen en cuatro de las seis sedes de la Casa de la Moneda de EE. UU.

Economía

Kamala Harris

Kamala Harris comenzó su carrera como abogada. En 2003, Harris se postuló como fiscal de distrito de San Francisco. Fue la primera mujer en ocupar ese cargo. Lo ocupó durante seis años. Después, ganó la elección como procuradora general. También fue la primera mujer en ocupar ese cargo. Usó todo lo que aprendió en San Francisco para ayudar al estado a crecer. Harris fue elegida para integrar el Senado de EE. UU. en 2016.

Muchas reuniones del concejo municipal están abiertas al público.

El poder del pueblo

Los ciudadanos pueden tener un papel activo en el gobierno. No es necesario que se postulen a ningún cargo. Pero pueden votar y trabajar junto con los gobernantes para hacer cambios.

El voto

Los ciudadanos votan a sus gobernantes en los tres niveles del gobierno. También pueden ayudar a hacer las leyes en sus condados y ciudades. Si alguien tiene una idea para una nueva ley, puede redactar una **petición**. Un determinado número de personas debe firmarla para llegar al siguiente paso. Si eso se logra, la propuesta puede incluirse en una boleta electoral, y los ciudadanos la pueden votar. Eso se llama *iniciativa*. Las personas también votan en referendos. Con los referendos, se aprueban o se cambian leyes vigentes.

Cuando alguien se postula a un cargo por primera vez, en general lo hace a nivel local. Siente que puede beneficiar a su comunidad al ser parte de la estructura de gobierno.

¿Estás calificado?

Para votar en California, las personas deben cumplir ciertos requisitos. Deben ser ciudadanos de Estados Unidos y vivir en el estado. Además, deben tener al menos 18 años el día de la elección. Hay tres maneras de registrarse. Se puede completar los datos en línea o enviarlos por correo. La tercera opción es ir al Departamento de Vehículos Motorizados (DMV) de la ciudad.

Civismo

VOTE HERE
VOTE AQUI
請在此投票
ĐI BẦU TẠI ĐÂY
7AM - 8PM

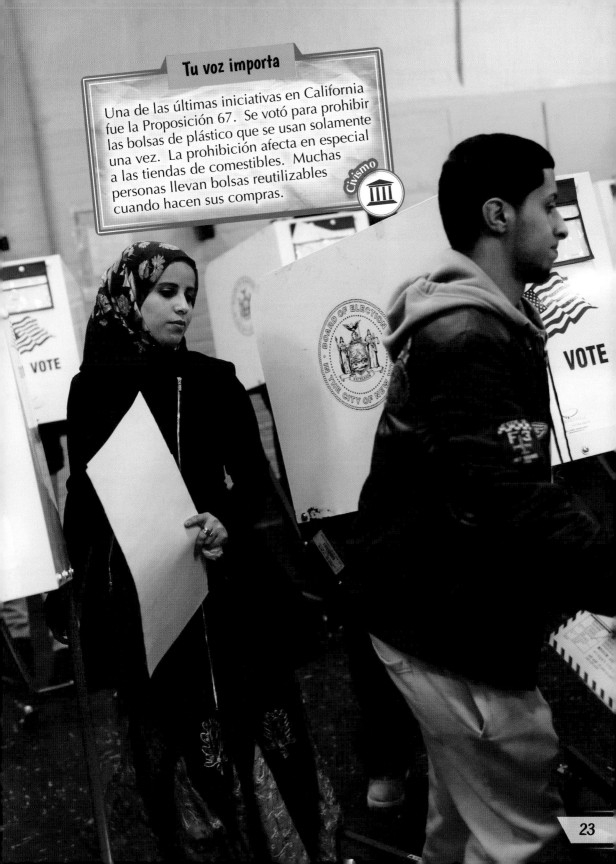

Tu voz importa

Una de las últimas iniciativas en California fue la Proposición 67. Se votó para prohibir las bolsas de plástico que se usan solamente una vez. La prohibición afecta en especial a las tiendas de comestibles. Muchas personas llevan bolsas reutilizables cuando hacen sus compras.

Civismo

Apartar del cargo

Cuando los ciudadanos votan, lo hacen por la persona que creen que hará mejor el trabajo. Pero ¿qué pasa si un funcionario elegido no hace bien su trabajo? ¿Conserva el puesto hasta que termina su período? En California, un gobernante puede ser despedido mediante la **revocación de mandato**. Para apartar a alguien de su cargo, se debe votar. La revocación de mandato no es muy frecuente. En el estado, ha habido 32 intentos, pero solo cinco funcionarios han sido apartados del cargo por este medio.

Los funcionarios federales también pueden ser apartados del cargo mediante un **juicio político**. Es similar a una revocación de mandato, pero en este caso no hay votación. El Congreso es el encargado de hacer los juicios políticos. Los artífices de la Constitución creían que los funcionarios debían contar con el **consentimiento de los gobernados**. Es por eso que incluyeron el juicio político en la Constitución. Al igual que la revocación de mandato, el juicio político no es algo común. Solo 16 funcionarios federales han sido sometidos a juicio político.

el gobernador Gray Davis

Despedidos del cargo

El político más destacado de California al que se le revocó el mandato fue el gobernador Gray Davis, en 2003. Pero no fue el primero. Ocurrió lo mismo con otras cuatro autoridades del gobierno estatal, que fueron apartadas de su cargo:

- 1913: senador Marshall Black
- 1914: senador Edwin Grant
- 1994: miembro de la asamblea Paul Horcher
- 1995: miembro de la asamblea Doris Allen

En 2013, las personas salieron a la calle a manifestar su opinión sobre la revocación de mandato del gobernador Davis.

Edward Royce

Edward Royce fue elegido para integrar la Cámara de Representantes por primera vez en 1992. Hoy sigue ocupando su puesto. Royce trabaja en varios temas que afectan al país y al estado. Uno de ellos es mejorar el sistema educativo. Royce apoya los programas de CTIM (Ciencia, Tecnología, Ingeniería y Matemáticas).

Capitolio de EE. UU.

La fortaleza de California

California es un estado enorme. Tiene mucho poder. Es el estado con la mayor cantidad de habitantes y distritos. Tiene 53 distritos. Cada uno de esos distritos elige a una persona para integrar la Cámara de Representantes de EE. UU. California también tiene dos miembros en el Senado, como el resto de los estados. En total, California tiene 55 miembros en el Congreso, más que cualquier otro estado.

California es también el estado más rico del país. Muchas industrias hicieron del estado su hogar. Desde empresas de computación y tecnología hasta la industria agrícola y del cine, California lo tiene todo. Los gobernantes estatales y locales tienen un trabajo importante. Deben trabajar juntos para crear y hacer cumplir leyes que promuevan el progreso del estado.

Los ciudadanos del estado también tienen un trabajo importante. Deben hacer oír su voz para ayudar a que el Estado Dorado siga brillando.

Dianne Feinstein

Dianne Feinstein fue primera en muchas cosas. Fue la primera alcaldesa de San Francisco. En 1992, se convirtió en la primera mujer de California en integrar el Senado de EE. UU. Mientras fue senadora, impulsó leyes para proteger el medioambiente. También trabajó mucho en la seguridad de los estadounidenses. Para eso, Feinstein integró varias comisiones. Fue la primera mujer en presidir dos comisiones diferentes en el Senado.

¡Haz una propuesta!

El proceso de iniciativas crea nuevas leyes en el nivel de gobierno local. Ahora es tu turno. Crea una iniciativa para tu escuela. Puede ser un programa de reciclaje o la propuesta de cultivar una huerta. O puedes organizar una colecta de ropa para ayudar a niños en centros de personas sin hogar. También puedes reunir dinero para donar a refugios de animales. Después de elegir tu proyecto, escribe una propuesta. Reúne la cantidad de firmas que tu maestro recomiende. Luego, pide a tus compañeros que voten tu iniciativa.

Glosario

apelación: pedido a un tribunal superior para que revise decisiones de un tribunal inferior

artífices: personas que crean algo

civiles: que se relacionan con las leyes sobre los derechos de las personas y no con leyes penales

consentimiento de los gobernados: la idea de que la autoridad de un gobierno depende de que la acepten las personas gobernadas

contiguos: los 48 estados de Estados Unidos que están al sur de Canadá y limitan unos con otros

controles y contrapesos: un sistema de gobierno en el que ninguna rama tiene más poder que otra

delegados: personas elegidas para hablar en nombre de un estado cuando se hacen nuevas leyes y se toman decisiones sobre ese estado

distrito: un área más pequeña dentro de cierta región, como en un estado

empleados públicos: personas que se ocupan de registrar la información en los organismos públicos

enmiendas: cambios en el texto o en el significado de una ley o un documento

juicio político: proceso en el que se acusa de un delito a un funcionario que ejerce un cargo en el gobierno

petición: un documento escrito que las personas firman para pedir formalmente un cambio

preámbulo: la introducción de la Constitución de EE. UU. y de otros documentos legales

presupuesto: la cantidad de dinero que puede gastar un gobierno en un determinado período

promulgan: publican oficialmente una ley para que se cumpla

proyectos de ley: descripciones escritas de nuevas propuestas de leyes

reservas: territorios en Estados Unidos que se apartan para que vivan los indígenas

revocación de mandato: proceso por el que se aparta del cargo a través del voto a un funcionario antes de que termine su período

títulos de propiedad: documentos legales que demuestran quién es el dueño de un edificio

Índice

¡Tu turno!

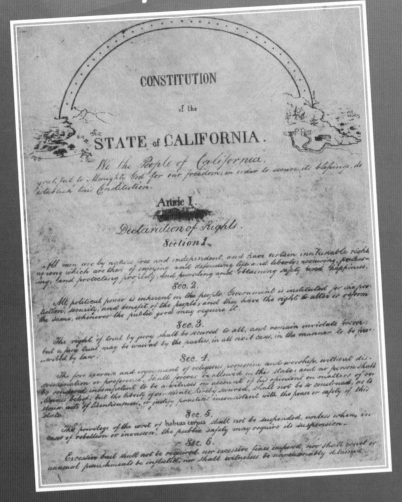

Declaración de Derechos

El artículo I de la Constitución del Estado de California incluye la Declaración de Derechos para sus ciudadanos. Por ejemplo, todos los habitantes del estado tienen derecho a expresarse, oralmente o por escrito, con libertad. Si tuvieras que escribir una lista de derechos que todas las personas deberían tener, ¿qué incluirías? Crea tu propia Declaración de Derechos.